Umwelt entdecken, begreifen und schützen

Was ist los mit dem Wald?

Die spanische Originalausgabe erschien
im Verlag Parramón Ediciones, S.A., Barcelona,
unter dem Titel »La protección del bosque«

Aus dem Englischen übersetzt von Eva Weyandt
Texte: Rosa Costa-Pau, Lehrerin und Biologin
Illustrationen: Studio Marcel Socías
Best.-Nr. 15215
ISBN 3-89437-215-X
1. Auflage 1993
Umschlaggestaltung: Studio Marcel Socías
Satz: Typostudio Rücker & Schmidt, Langgöns-Niederkleen
Printed in Spain

Umwelt entdecken, begreifen und schützen

Was ist los mit dem Wald?

Schulte & Gerth

Das Ökosystem Wald

◀ *Der wichtigste Bestandteil des Waldes ist der Baum. Er bietet vielen Insekten, kleinen Säugetieren und Vögeln Nahrung und Schutz. Jeder Baum ist ein Ökosystem für sich.*

Biotop und Ökosystem

In unserer Welt gibt es eine Vielzahl von Lebewesen: Bäume, Sträucher, Insekten, Säugetiere, Vögel und noch viele andere. Sie alle werden geboren, wachsen heran, vermehren sich und sterben.
Die Entwicklung eines Lebewesens (Tier oder Pflanze) hängt nicht von ihm allein ab, sondern auch von dem Umfeld, in dem es lebt.
Biotope zum Beispiel sind solch ein Umfeld. Aufgrund ihrer besonderen Merkmale wie Bodenbeschaffenheit, Klima usw. bieten sie einer bestimmten Gruppe von Pflanzen oder Tieren ideale Lebensbedingungen.
Organismen entwickeln sich und leben mit anderen Lebewesen zusammen. Sie bilden eine Biozönose.
Biotop und Biozönose zusammen bilden ein Ökosystem.
Ökosysteme können Seen, Bäume, Felder, Bäche oder Wälder sein.

Die Beziehung zwischen den einzelnen Ökosystemen

Obwohl ein Ökosystem allein für sich existieren kann, steht es immer auch in Beziehung zu anderen Ökosystemen. Der Dünger zum Beispiel, der vom Bauern auf dem Feld eingesetzt wird, kann durch den Regen fortgetragen werden und das Wasser in einem Bach vergiften.
Manche Insekten verbringen ihre »Kindheit« im Wasser. Wenn sie ausgewachsen sind, suchen sie im Wald oder auf dem Feld nach Nahrung. Bestimmte Vogelarten bauen zwar ihr Nest im Wald, suchen sich ihr Futter aber auch auf den Feldern.
Jedes Ökosystem hat also seine besonderen Merkmale.

Das Ökosystem des Waldes

Alle Lebewesen im Wald, Pflanzen und Tiere, sind ihrer Umgebung optimal angepaßt. Die Form und die Größe der Blätter und die tiefen Wurzeln der Bäume sorgen dafür, daß die Bäume das ganze Jahr hindurch genügend Wasser bekommen.
Die Tiere sind zum Beispiel durch ein dichtes Fell, ein warmes Federkleid oder eine isolierende Fettschicht unter der Haut vor der Kälte im Winter geschützt.

Tiere und Pflanzen, die in einer bestimmten Umgebung zusammenleben, bilden ein Ökosystem. Die Tiere, die Pflanzen und das Klima bestimmen die jeweilige Ausprägung eines bestimmten Waldes. ▼

Störungen im Ökosystem

Was ist eine Störung?

Störungen sind Einflüsse, die die Funktion eines Ökosystems beeinträchtigen.
Störungen können in Form eines Waldbrandes, eines sehr trockenen und heißen Sommers, einer Schädlingsplage, eines Sturmes oder durch Abholzung auftreten. Sie sind entweder durch die Natur selbst verursacht oder durch das Eingreifen des Menschen.

Der Abwehrmechanismus des Waldes

Vor bestimmten Störungen kann sich der Wald schützen.
Die Rinde einer Steineiche zum Beispiel schützt den Baum vor den hohen Temperaturen eines Feuers. Die Wurzeln der Pinie gehen sehr tief in die Erde; dadurch bekommt sie auch bei großer Trockenheit noch genügend Wasser. Manche Pflanzen schützen sich durch starke Vermehrung vor dem Aussterben. Andere produzieren ihren Samen erst nach einem Feuer. Wie stark der Wald von einem Waldbrand, einer Schädlingsplage oder dem Abholzen großer Flächen beeinträchtigt wird, hängt auch von dem Schaden ab, den diese Störung bei den Tieren und den übrigen Pflanzen verursacht.

Die Geburt eines neuen Waldes

Wenn die Pflanzen durch einen Brand vernichtet wurden, dann wachsen entweder neue Pflanzen aus den Überresten der alten, oder die Samen, die aus anderen Ökosystemen auf den Boden gefallen sind, keimen und wachsen dort.

Diese beiden Baumarten sind gut auf Veränderungen in ihrer Umgebung eingestellt: Die Rinde der Steineiche schützt den Stamm vor Feuer. Die Pinie verdunstet nur wenig Wasser. Sie hält das Wasser in ihren Blättern, und ihre Wurzeln reichen tief in die Erde. Dadurch kann sie auch lange Trockenperioden unbeschadet überstehen. ▼

Pinie

Ein Wald wächst in vielen Jahren langsam heran. Der Waldboden und die Lebewesen, die sich auf ihm entwickelt haben, bilden eine Gemeinschaft verschiedenster Organismen (Biozönose). Manche unserer heutigen Wälder sind aus Feldern entstanden, die nicht mehr bearbeitet wurden.

Wenn die Samen aus den anderen Ökosystemen keimen, wird natürlich eine ganz andere Waldart nachwachsen als die, die zerstört wurde. Wenn die Pflanzen bei einem Brand nicht vollständig vernichtet wurden, sprießen aus den Wurzeln und Stämmen neue Schößlinge. Die neuen Pflanzen sind den neuen Umweltbedingungen, wie geänderte Lichtverhältnisse, Wärme und Feuchtigkeit, angepaßt.

Ob sich aus einem unbearbeiteten Feld ein Wald entwickelt, hängt neben anderen Fakten ganz erheblich von der Bodenbeschaffenheit ab.

Im Laufe der Zeit wächst die Artenvielfalt des Waldes.

Wenn sich die Lebensbedingungen nicht plötzlich sehr stark ändern, wachsen Sträucher zu einem prächtigen Wald heran.

Der Waldboden

Wasservorrat und Mineralienspeicher

Im Herbst beginnen die Blätter sich zu verfärben. Schließlich fallen sie zu Boden.
Zwischen den vielen Blättern auf dem Waldboden findet man auch Nahrungsüberreste, Ausscheidungen von Tieren, Federn, tote Tiere, Früchte und Zweige von den Bäumen.
Wenn der Sommer wiederkommt, ist all das durch Regen, Hitze, Bakterien und Pilze in einen lockeren, dunkelbraunen Teppich verwandelt worden.
Diese oberste Bodenschicht nennt man Humus.
Der Humus ist der Wasser- und Mineralienspeicher des Waldes.

Eine Welt voller Leben

Auf dem Waldboden wimmelt es von mikroskopisch kleinen Lebewesen wie Bakterien und Pilzen. Für die anderen Lebewesen sind sie von großer Bedeutung, weil sie organische Stoffe zersetzen und in mineralische Stoffe umwandeln. Diese Mineralien lösen sich im Wasser auf und gelangen so in die Erde. Die Pflanzen nehmen sie durch ihre Wurzeln auf.
Der Waldboden speichert auch Luft und Wasser.
Wenn es regnet, wird das Wasser durch die Erde gefiltert.
Abgestorbene Wurzeln werden zersetzt und bilden unterirdische Luftkanäle. Dadurch können die Lebewesen, die unter der Erde wohnen, zum Beispiel Ameisen und Würmer, ein Netzwerk von verschiedenen Tunnels graben. Diese Tunnels garantieren den Tieren unter der Erde genügend Luft zum Atmen.

Die Organismen, die unter der Erdoberfläche leben, sind wichtig für die Humusbildung. Sie helfen mit, das Leben auf dem Waldboden zu erhalten. ▼

Auf dem Waldboden sind Tiere und Pflanzen emsig bei der Arbeit. Sie wandeln die organischen Stoffe in Mineralien um.

Wie wasserdurchlässig oder -undurchlässig der Waldboden ist und wie frei Wasser und Luft in ihm zirkulieren können, hängt auch von der Kombination der verschiedenen Mineralien ab.

Ein Netzwerk gegen die Erosion

Die Baumwurzeln bilden eine Art Netzwerk im Waldboden, das die Mineralien und organischen Stoffe speichert, den Erdboden zusammenhält und verhindert, daß die Humusschicht von schweren Regenfällen ausgewaschen wird. Die Auswaschung des Bodens nennt man Erosion.
Die Humusschicht mit ihren vielen verschiedenen Organismen, die Mineralien des Waldbodens, die Luft und das Wasser bilden die Grundlage für das Leben im Wald.

◀ *Dieses Bild zeigt uns einen Querschnitt durch den Waldboden. Wir können verschiedene Schichten mit ihrer typischen Färbung und Zusammensetzung erkennen.*

Die Wurzeln sind ein ganz wichtiger Teil des Baumes. Sie nehmen Wasser und Mineralien aus dem Erdboden auf. Einige Baumarten haben besonders tiefreichende Wurzeln. Damit können sie auch aus den tiefsten Erdschichten noch Wasser aufnehmen.

Tiere wie der Maulwurf und die Spitzmaus haben besondere Grabekrallen. Damit können sie Tunnels und Nester in die Erde bauen. Auch der Fuchs hat seinen Bau unter der Erde.

Die Zerstörung des Bodens

Regen und Wind

Das Leben auf dem Waldboden hat sich über Jahrtausende hinweg weiterentwickelt. Wenn ein Wald vernichtet wird, dauert es viele Jahre, bis die Voraussetzungen für das Leben dort wiederhergestellt sind.
Den Bodenabtrag im Wald verursachen hauptsächlich Regen und Wind; beide Faktoren tragen zu der sogenannten Oberflächenerosion bei. Alle Wälder der Erde sind von Bodenerosionen betroffen. In trockenen Gebieten tragen jedes Jahr sintflutartige Regenfälle und starke Winde tonnenweise die fruchtbare Erde ins Meer hinaus. Sie ist unwiederbringlich verloren.
Nach einem starken Regenguß fließt das Wasser von den Hängen hinunter ins Tal. Dabei nimmt es viel Humus – die oberste Schicht des Waldbodens – mit.
Das schmutzige Wasser fließt in die Flüsse und kann bei einer Überflutung großen Schaden anrichten.

Der Eingriff des Menschen

Durch sein Eingreifen in die Abläufe der Natur richtet aber heutzutage der Mensch den weitaus größten Schaden an.
In waldreichen Gebieten werden neue Städte, Straßen, Industriegebiete, Stauseen und -dämme gebaut. Viele Wälder wurden in landwirtschaftlich genutzte Gebiete umgewandelt.
Auch Waldbrände, die in der heutigen Zeit keine Seltenheit sind, tragen zur Vernichtung des Waldbodens bei.

Es dauert lange, bis ein gesunder Waldboden entsteht. Dieser komplizierte Prozeß wird oft durch den Menschen gestört. Dann verwandelt sich fruchtbarer Waldboden in Ödland. ▼

Wenn der Wald abgeholzt oder gar brandgerodet wird, ist der Boden der Erosion schutzlos ausgeliefert.

Verschiedene Sportarten, wie Ski-, Rad-, Motorradfahren, können den Boden ebenfalls schädigen.

Die Nutzung von Waldland für die Landwirtschaft verändert die Eigenschaften des Bodens besonders stark, wenn Dünger und zuviel Wasser eingesetzt werden.

Erosion und ihre Auswirkungen

Das Ergebnis ist, daß viele Baumarten aussterben. Die Bäume versorgen den Waldboden mit den notwendigen organischen Stoffen. Außerdem ist der Waldboden ohne dichte Vegetation noch stärker von der Erosion betroffen. Zu viele Nährstoffe werden vom Regen und vom Wind fortgetragen. Pflanzen und Bäume können nicht mehr wachsen. Dadurch sind auch die Tiere gezwungen, sich eine neue Heimat zu suchen, wo sie Nahrung und Schutz finden. Die Pflanzenfresser müssen verhungern, wenn sie nicht auf andere Ökosysteme ausweichen können.
Das Fällen der Bäume im Wald nennt man Abholzung. Eine Abholzung beeinträchtigt den Waldboden und die Lebewesen, die dort wohnen, ganz erheblich.
Einige der großen Wüsten der Erde waren früher einmal riesige Waldgebiete.

▲
Wenn die oberste Schicht des Bodens zerstört oder abgetragen wird, dauert es viele Jahrhunderte, bis er sich aus der Fels- oder Mineralschicht erneuern kann. In manchen Gegenden hat der Mensch Terrassen angelegt, um die Erosion der obersten Bodenschicht zu verhindern.

Das Licht im Wald

Licht und Wasser zum Wachsen

Pflanzen brauchen Licht und Wasser zum Leben.
Sie nehmen Sonnenlicht durch ihre Blätter, Wasser und Mineralien durch ihre Wurzeln aus der Erde auf.
Aus diesen drei Elementen setzt sich ihre Nahrung zusammen.
Die Bäume haben gegenüber den anderen Pflanzen im Wald einige Vorteile: sie können durch die Blätter in ihrer Krone viel mehr Sonnenlicht aufnehmen und umsetzen als niedrig wachsende Pflanzen. Auch ihre Wurzeln reichen in der Regel tiefer als die der anderen Pflanzen. Dadurch ist die Wasser- und Mineralienzufuhr gesichert.
In anderer Hinsicht sind Bäume allerdings auch benachteiligt: Stürmen und Blitzeinschlägen sind sie stärker ausgesetzt als andere Pflanzen.

Wenn die Baumschicht sehr dicht ist, dann hat das erheblichen Einfluß auf die Lebensbedingungen im Wald. In einem dichten Wald ist es viel dunkler, feuchter und kühler als in einem weniger dichten Wald. Auch gibt es dort kaum einen Luftzug. ▶

Der Stockwerkbau im Mischwald

Je nach ihrer Größe werden die Pflanzen im Wald in verschiedene Schichten eingeteilt: die Baumschicht und die Waldbodenschicht.
Die *Baumschicht* bestimmt, wieviel Licht und Wärme auf den Waldboden fällt.
Die *Waldbodenschicht* gliedert sich *in Strauchschicht*, *Krautschicht* und *Moosschicht*. In dieser letzten Schicht wachsen Pflanzen ohne Blüten wie Moos und Pilze.
Außerdem gibt es noch die *Wurzelschicht.*
Nicht alle diese Schichten entwickeln sich gleichmäßig.

Die Baumkrone einer Pinie ist nicht so dicht. Viel Sonnenlicht dringt in das Innere des Waldes ein. In einem Pinienwald ist es hell und warm, besonders im Sommer. Die Blätter einer Pinie sind mehrjährig. Sie können sowohl Hitze als auch Kälte aushalten. ▶

Der Stockwerkbau im Wald

Baumschicht (bis 50 m)
Die Baumschicht besteht aus den Baumkronen der großen Bäume (Eiche, Buche, Esche). Die Dichte dieser Schicht bestimmt, wieviel Licht und Wärme die übrigen Schichten bekommen.

Strauchschicht (bis 5 m)
Sie setzt sich aus den höheren Sträuchern (Brombeeren, Rosen und anderen wilden Sträuchern) und den jüngeren Bäumen zusammen.

Krautschicht (bis 1 m)
Sie umfaßt alle Pflanzen mit weichen Stengeln, wie Gänseblümchen, Klee und Farn.

Moosschicht (bis 20 cm)
Sie ist besetzt mit Moos, Pilzen, Flechten usw. Diese Schicht braucht ständig einen gewissen Feuchtigkeitsgrad.

Wurzelschicht
Dort befinden sich die Wurzeln aller Waldpflanzen und die Knollen einiger Pflanzenarten wie zum Beispiel der Iris.

Lebewesen in Aktion

»Hersteller-Organismen« (Produzenten)

Die Grünpflanzen verdanken ihre Farbe dem Farbstoff Chlorophyll. Sie nehmen Kohlendioxid, Wasser und Mineralien auf. Diese drei Elemente werden durch die Sonnenenergie in Kohlenhydrate (Stärke, Zellulose, Zucker), Sauerstoff und andere organische Moleküle umgewandelt. Dafür braucht die Pflanze Chlorophyll. Diesen Vorgang nennt man Photosynthese.
Kohlenhydrate werden in den Blättern produziert und durch ein Netz von Gefäßen in alle Teile der Pflanze transportiert. Sie dienen der Pflanze als Nahrung.
Durch die Photosynthese sind die Pflanzen also in der Lage, ihre eigene Nahrung herzustellen. Die Pflanzen sind autotrophe (sich ausschließlich von anorganischen Stoffen ernährende) oder »Hersteller-Organismen«.
Neben den Grünpflanzen gibt es auch Bakterien und Einzeller, die zur Photosynthese in der Lage sind. Sie alle gehören – wie die Grünpflanzen – zu den »Produzenten«.

Die für die Nahrungsherstellung notwendigen Rohstoffe sind Kohlenstoff, Sauerstoff und Wasserstoff. Die Pflanzen gewinnen diese Substanzen aus dem Kohlendioxid, das durch die Spaltöffnungen der Blätter dringt, und aus dem Wasser, das die Pflanze durch ihre Wurzeln aufnimmt. ▶

»Verbraucher-Organismen« (Konsumenten)

Tiere haben kein Chlorophyll, sie können ihre Nahrung nicht selbst herstellen, sondern sind auf die Pflanzen angewiesen. Tiere sind heterotrophe (auf organische Nahrung angewiesene) oder »Verbraucher-Organismen«. »Verbraucher-Organismen« können Pflanzen- oder Fleischfresser sein.

Der Kohlenstoff-Kreislauf

Wie alle anderen Lebewesen atmen auch die Pflanzen, d.h. sie nehmen Sauerstoff auf und geben Kohlendioxid ab.
Grünpflanzen sind die einzigen Lebewesen, die auch den umgekehrten, den Kohlenstoff-Kreislauf vollziehen können. Sie geben sowohl Sauerstoff als auch Kohlendioxid in die Luft ab.

Der Stickstoff-Kreislauf

Auch Stickstoff ist ein wichtiges Element im Leben einer Pflanze.
In der Luft ist er reichlich vorhanden, doch in seiner ursprünglichen Form für die Pflanzen nicht von Nutzen.
Auf dem Waldboden wird der Stickstoff in Substanzen umgewandelt, die man Nitrate nennt. Diese Umwandlung geschieht durch Bakterien, die auf dem Waldboden leben. Die Nitrate werden durch die Wurzeln einer Pflanze aufgenommen.
Von den Pflanzen werden die Nitrate an die verschiedenen Glieder der Nahrungskette (siehe S. 18) weitergegeben.
Durch die Zersetzung von toten Tierkörpern und die Ausscheidungen der Tiere landen die Nitrate wieder auf dem Waldboden. Man nennt das den Stickstoff-Kreislauf.

Wie das Wasser, so wandern auch der Kohlenstoff und der Stickstoff durch die Glieder der Nahrungsketten eines Ökosystems. Diese lebenswichtigen Grundstoffe sind in der Luft, dem Wasser und der Erde enthalten. Dieser nie endende Kreislauf ist die Grundlage für das Leben in einem Ökosystem. ▼

Der Treibhaus-Effekt

Ein natürliches Kontrollsystem

Es besteht eine enge Beziehung zwischen der Photosynthese und der Atmung der Lebewesen, nicht nur im Wald, sondern in der ganzen Biosphäre.
Bei der Atmung setzen Lebewesen Kohlendioxid frei.
Die zur Photosynthese fähigen Lebewesen sind die einzigen Organismen, die auch Sauerstoff ausatmen.
Beide Funktionen ergänzen sich: Kohlendioxid ist unerläßlich für die Photosynthese, und ohne Sauerstoff kann kein Lebewesen existieren.
Die Erdoberfläche gibt Wärme ab. Das Kohlendioxid hält zusammen mit anderen Gasen Wärme auf der Erde und verhindern so, daß sie zu sehr abkühlt. Bäume und Pflanzen nehmen große Mengen Kohlendioxid auf. Sie fungieren sozusagen als Katalysatoren (Regler).

Weltweite Erwärmung

Diese »Katalysatoren« des Kohlendioxids, das in die Atmosphäre abgegeben wird, sind jedoch in Gefahr. Zu viele Wälder werden weltweit abgeholzt. Das Verschwinden von ganzen Waldregionen erhöht den Gehalt an Kohlendioxid in der Atmosphäre. Dadurch kann weniger Wärme entweichen und die Atmosphäre heizt sich immer stärker auf. Diese Erwärmung nennt man Treibhauseffekt.

Das Abholzen der Wälder und der verstärkte Verbrauch von Brennstoffen erhöhen den Gehalt von Kohlendioxid in der Atmosphäre. Dadurch wird die Ozonschicht in der Stratosphäre geschädigt.
▼

Durch das Verbrennen von Müll werden verschiedene Gase erzeugt, die den Treibhauseffekt bewirken, wenn sie in die Atmosphäre gelangen.

Ein Waldbrand setzt Kohlendioxid frei. Es gehört zu den Treibhaus-Gasen.

Industrie, Autos, Haushalte, Elektrogeräte und viele Dinge mehr benötigen Elektrizität. Diese Elektrizität wird überwiegend durch das Verbrennen von Energiespendern wie Kohle, Öl und Gas erzeugt.
Wenn diese Energiespender verbrennen, geben sie große Mengen an Kohlendioxid ab.
Diese stärkere Konzentration des Kohlendioxids in der Atmosphäre kann zusammen mit der zunehmenden Abholzung der Wälder dazu beitragen, daß der Treibhaus-Effekt erhöht wird und die Temperatur auf der Erde ansteigt.

Die Erdoberfläche gibt Wärme ab. Ein Teil davon wird durch die Treibhausgase in der Atmosphäre zurückgehalten. Der andere Teil verliert sich im Weltraum. Erhöht sich die Menge dieser Treibhausgase, kann weniger Wärme entweichen und die Atmosphäre kann sich nicht mehr selbst regulieren. ▶

Die Industrie gibt heutzutage große Mengen dieser Gase in die Luft ab.

Nahrungsketten

Die einzelnen Glieder der Kette

Zwischen den Lebewesen des Waldes bestehen vielfältige Beziehungen.
Eine ganz entscheidende ist die des Fressens und Gefressenwerdens.
Wir sprechen hier von einer Nahrungskette. Beginnen wir mit den Grünpflanzen. Sie stellen organische Stoffe her; deshalb nennt man sie »Hersteller-Organismen« oder »Produzenten«.
Es folgen die pflanzenfressenden Tiere (oder Primärverbraucher) die wiederum von den fleischfressenden Tieren (oder Sekundärverbrauchern) gefressen werden.
Das letzte Glied der Kette bilden die Mikroorganismen: Bakterien und Pilze. Man nennt sie auch Zersetzer. Sie ernähren sich von toten Lebewesen.

Das Nahrungsnetz

Für die Funktion der Nahrungskette ist es sehr wichtig, daß die fleischfressenden Tiere sich nicht einseitig ernähren und daß sie ihre Nahrung aus verschiedenen Nahrungsketten beziehen.
Schlangen zum Beispiel werden nur selten von Füchsen gefressen. Füchse bevorzugen Mäuse und Käfer, die Käfer wiederum fressen Fliegenlarven. Igel fressen vorwiegend Spinnen und Insekten, können aber auch Schlangen fressen.
Die Tiere des Waldes stehen also bei der Nahrungsaufnahme in verschiedenen Beziehungen zueinander.
Es entsteht ein ganzes Nahrungsnetz aus vielen unterschiedlichen Ketten.

Eine Nahrungskette besteht aus mindestens vier Gliedern: Grünpflanze (die ihre eigene Nahrung durch die Photosynthese herstellt), pflanzenfressendes Tier, fleischfressendes Tier und Zersetzer. Die Zersetzer sind Bakterien und Pilze. Sie leben auf dem Waldboden und ernähren sich von Pflanzen- und Tierüberresten. Die Tiere einer Nahrungskette können auch Glieder einer anderen Nahrungskette fressen. Die Beziehungen zwischen den einzelnen Nahrungsketten bilden ein Nahrungsnetz.
▼

Ein Nahrungsnetz kann bestehen, wenn die Tiere nicht nur eine Pflanzen- oder Tierart fressen, sondern ihre Nahrung über einzelne Ketten hinweg suchen. ▼

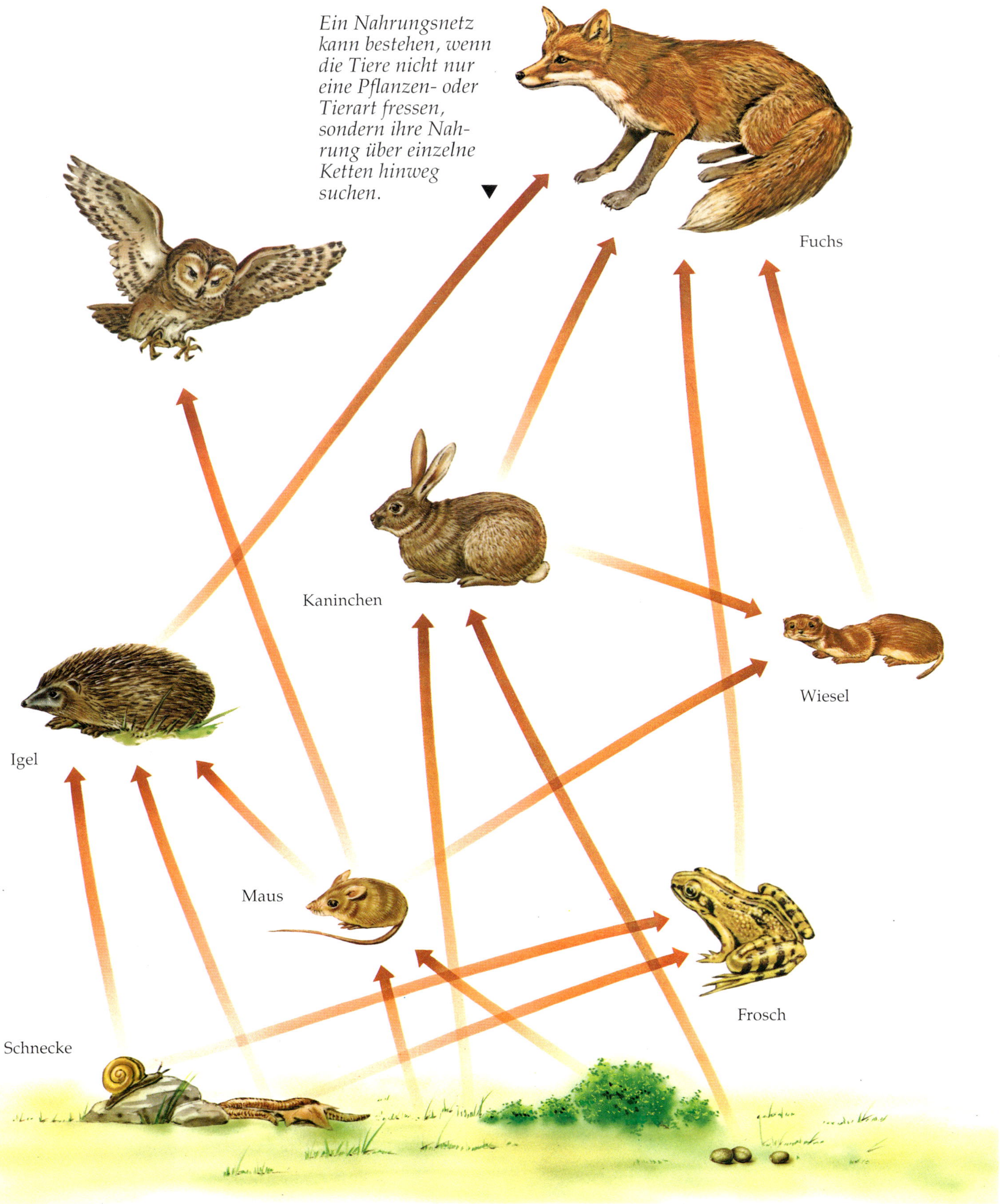

Energieverlust

Die Energiepyramide

Die Energiemenge, die jedes Glied einer Nahrungskette an das nachfolgende weitergibt, nimmt immer mehr ab, je höher wir in der Nahrungskette kommen.

Der Mensch und die Nahrung

Über die Nahrung bekommen alle Lebewesen im Wald genügend Energie, um wachsen zu können. Dasselbe gilt auch für die Menschen. Das ökologische Verhalten der Menschen unterscheidet sich allerdings deutlich von dem anderer Lebewesen. Die Menschen verbrauchen sehr viel Energie.

Transport und Umwandlung

Früher beutete der Mensch ein bestimmtes Gebiet aus, bis alle seine Bodenschätze (wie Mineralien, Metalle, Sand, Kies oder Erdöl) erschöpft waren. Dann suchte er sich ein neues Gebiet.
Später gaben die Menschen dieses Prinzip auf und begannen, Nahrung und Bodenschätze zu den Orten zu transportieren, wo sie verbraucht wurden.

Die Menschen griffen früher nicht so sehr in die Abläufe der Natur ein. Sie ließen die Landschaft, wie sie war. Später wurde die Landwirtschaft ausgebaut. In den letzten Jahren haben Landwirtschaft, Viehzucht und die Errichtung großer Städte das natürliche Landschaftsbild sehr stark verändert.
▼

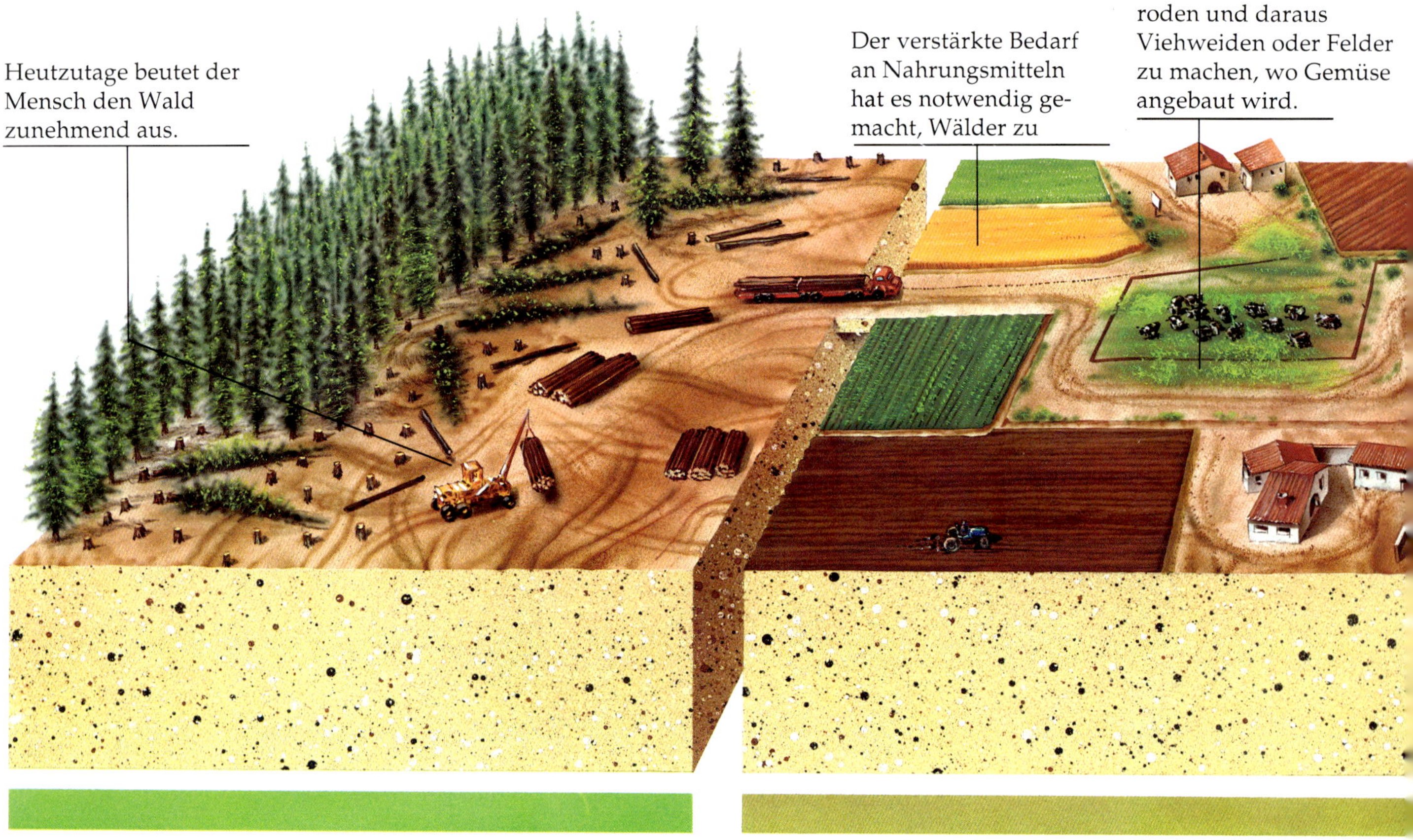

In unserer heutigen Zeit sind große Städte die Hauptverbraucherzentren. Die Verbrauchsgüter müssen dorthin transportiert werden.
Für den Transport von Nahrung und anderen Verbrauchsgütern und für die Umwandlung von Rohstoffen wird wiederum viel Energie benötigt, die dem »gesunden« Energiekreislauf verlorengeht und durch Abfallstoffe (Abgase, Staub, Ruß usw.) die Umwelt zusätzlich belastet.

Der Müllberg
Es gibt auf der Erde immer mehr Menschen, die immer mehr Energie verbrauchen und immer mehr Müll produzieren. Dieser Abfall sammelt sich in der Luft, im Wasser und auf der Erde. Das nennen wir Umweltverschmutzung.

▲ *Die Energiemenge, die in den Pflanzen produziert wird, nimmt jedesmal ab, wenn sie von einem Organismus an den nächsten weitergegeben wird.*
Die verbrauchte Energie wird an die Umwelt abgegeben.

Bei der Planung von Industriegebieten werden ökologische Gesichtspunkte oft vernachlässigt. Ganze Naturgebiete (Ökosysteme) werden zerstört.

Für den Transport der Nahrungsmittel in die großen Städte mußten neue Straßen, Gleise und Autobahnen gebaut werden. Dem sind oft ganze Wälder zum Opfer gefallen.

Die Zerstörung des Waldes

Abholzung

Abholzung bedeutet, daß die Bäume eines Waldes gefällt werden. Heutzutage werden ganze Wälder abgeholzt, weil die Menschen mit dem Holz Geld verdienen wollen. Andere Wälder müssen landwirtschaftlichen Flächen, Monokulturen, dem Bau von Kraftwerken, neuen Straßen und Eisenbahnschienen weichen. Unglücklicherweise werden wirtschaftliche Gesichtspunkte bei der Entscheidung, ob und wo eine Straße gebaut wird, höher bewertet als die Auswirkungen, die eine solche Veränderung auf das ökologische Gleichgewicht einer Landschaft hat.

Gründe für die Abholzung

Wie du bereits weißt, kann die Vegetation (d.h. die Pflanzen) im Wald natürlichen Katastrophen, wie zum Beispiel einem Sturm und, bis zu einem gewissen Grad, auch dem Eingreifen des Menschen standhalten. Nach einer bestimmten Zeit erneuert sie sich. Doch auch diese Fähigkeit hat ihre Grenzen: einige Veränderungen können das Absterben des Waldes zur Folge haben, zum Beispiel die ununterbrochene Erosion des Waldbodens, die Anpflanzung von Baumarten, die für ein bestimmtes Gebiet ungeeignet sind, das übermäßige oder mangelhafte »Durchforsten« (d.h. Fällen kleinerer oder kranker Bäume, Aufräumarbeiten usw.) von Wäldern, Brandrodung und Waldbrände.

Bei der Wiederaufforstung nach einem Waldbrand werden in der Regel verschiedene Baumarten gepflanzt. Man nimmt einheimische und schnellwachsende Bäume, die ihre Funktion in kurzer Zeit wieder erfüllen können. ▼

Abgebrannter Wald

Wiederaufforstung

Andere Formen der Schädigung

Durch die Ausbeutung seiner natürlichen Reichtümer hat der Mensch die Wälder umgestaltet oder zerstört. Darüber hinaus ist der Wald einer weiteren Bedrohung ausgesetzt: der Umweltverschmutzung. Durch die Luft, das Wasser und die Erde gelangen Schadstoffe in den Wald – zum Beispiel durch den Sauren Regen, um den es im nächsten Kapitel geht.

Schon immer waren die Wälder für den Menschen wegen ihrer Rohstoffe von großer Bedeutung. Der Wald liefert Holz, Fasern, Rinde und Gras. Heutzutage sind die Wälder durch Abholzung, Waldbrände und Umweltverschmutzung ernsthaft bedroht. Dies ist umso gefährlicher, als der Wald eine ganz entscheidende Funktion bei der Bildung unseres Klimas hat.

Durch Waldbrände verwandeln sich ganze Wälder in Ödland. Die fruchtbare Erde wird bei Regenfällen fortgespült. Die Pflanzen haben nicht genug Zeit, sich zu vermehren und sterben deshalb aus.

Früher war ein Waldbrand willkommen, weil dadurch Weideland für das Vieh und neue Felder gewonnen werden konnten. Auch erneuerte sich auf diese Weise manchmal der Baumbestand. Heutzutage sind Waldbrände eine ernste Bedrohung für den Wald.

Saurer Regen

Saure Substanzen

Einige Substanzen, zum Beispiel Zitrone oder Essig, schmecken sauer. Wie sauer eine Substanz ist, wird durch den pH-Wert bestimmt. Destilliertes Wasser zum Beispiel ist pH-neutral.
Wenn das Regenwasser einen pH-Wert von 5 hat, dann ist es sauer. Das bedeutet, es enthält einige aufgelöste, saure Substanzen, in der Regel Schwefel- oder Salpetersäure.
Solche Säuren entstehen durch Gase, die von Industrien, Kraftwerken und Fahrzeugen abgeben werden.

Umweltschädigende Säuren

Wenn sich in der Luft Schwefel- und Salpetersäure gesammelt haben, kehren sie auf die Erde zurück. Das kann durch Regen, Nebel und Schnee oder durch Ablagerungen von festen Teilchen geschehen.
Der Saure Regen gibt diese Säuren ab an Flüsse, Seen und Meere, an Dörfer und Städte, an Felder und Wälder. Diese Säuren verringern den Nährwert des Bodens und verändern so die Lebensbedingungen für die Mikroorganismen (Kleinstlebewesen), die dort leben.

Auswirkungen der Säuren auf den Wald

Von diesen Säuren sind auch die Wälder betroffen, denn durch den Regen und durch tiefhängende Wolken gelangen die sauren Teilchen in den Wald.

Das Waldsterben wird in erster Linie durch den Sauren Regen verursacht. Die Schadstoffe gelangen durch den Regen und den Schnee in den Wald. Sie setzen sich auf den Blättern und auf dem Waldboden ab. ▼

Die Abgase der Fahrzeuge verwandeln sich in Säure. Deshalb ist der Regen, der aus dicht besiedelten Industriegebieten kommt, sauer.

Schwefeldioxid und Stickoxid werden zusammen mit atmosphärischen Gasen in Säure umgewandelt.

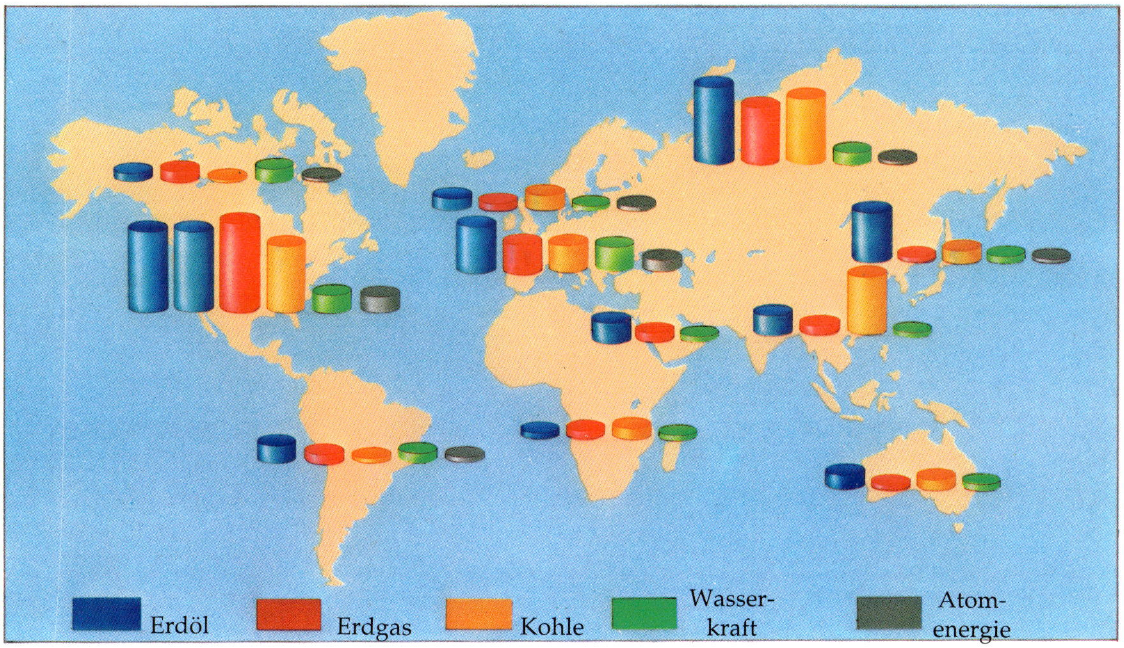

◀ *Der Begriff »Saurer Regen« ist im vorigen Jahrhundert entstanden. Damals hat man zum ersten Mal den Zusammenhang zwischen der Luftverschmutzung in großen Städten und den Industrie- und Autoabgasen entdeckt. Heute sind große Industriegebiete, die keine Kontroll- und Reinigungsanlagen haben, die Hauptumweltverschmutzer. Das Bild zeigt, welche Energiequellen auf der Welt wie stark genutzt werden.*

Klima, Landschaft und Wald

Die verschiedenen Klimazonen

Auf unserer Erde gibt es drei Klimazonen. Sie werden bestimmt durch ihre Entfernung zum Äquator, d.h. durch ihren Breitengrad. Im Äquatorialgebiet auf beiden Seiten des Äquators wächst der *tropische Regenwald* oder Dschungel.

Die gemäßigte Zone liegt zwischen den Tropen und den Polarkreisen. Dort gedeiht *Laubwald.*
In der Polarregion zwischen den Wendekreisen und den Polen finden wir in der Regel nur die *Tundra.* Das ist eine karge Kältesteppenlandschaft.
Die Erdoberfläche ist nicht gleichförmig: Es gibt sehr hohe Gebirge und weite Ebenen. Das Klima eines bestimmten Gebietes ist auch abhängig von der Höhenlage. Wir unterscheiden Hochgebirge, Mittelgebirge und Ebene.
Die Verbindung zwischen dem Breitengrad und dem Längengrad bestimmt wesentlich mit, welche Bäume in den verschiedenen Regionen der Erde wachsen.
Aber egal, in welcher Region der Wald liegt oder welche Bäume dort wachsen – Eichen, Pinien, Buchen oder tropische Bäume – in jedem Wald finden wir die verschiedenen Nahrungsketten, die für das Ökosystem Wald charakteristisch sind.

In den verschiedenen klimatischen Regionen gedeihen unterschiedliche typische Waldarten: nordische Wälder, Laubwälder und die üppigen tropischen Wälder. Natürlich sind die Zonen nicht so einheitlich und klar getrennt wie auf diesem Bild. Das Vorkommen bestimmter Waldarten hängt auch von Faktoren wie Höhenlage, Regenfälle usw. ab. ▶

◀ *Die Vegetation im Gebirge paßt sich den klimatischen Verhältnissen an. Je höher man kommt, desto kälter wird es, und desto stärker nimmt der Sauerstoffgehalt der Luft ab. Zwangsläufig gedeihen in höheren Lagen nicht mehr so viele Baumarten. Wie gut die Bäume sich entwickeln, hängt davon ab, ob sie an einem Nordhang oder einem Südhang wachsen.*

1. Rund um den Nordpol gibt es nur die Tundra, die mit Flechten und Moos bewachsen ist.

2. Nadelbäume passen sich kaltem Klima an. Durch ihre spitze Form können sie Wind und Schnee standhalten.

3. Laubbäume wie Eichen, Buchen usw. sind charakteristisch für gemäßigtes Klima.

4. In den feuchtheißen Gebieten der Erde gedeiht der tropische Dschungel.

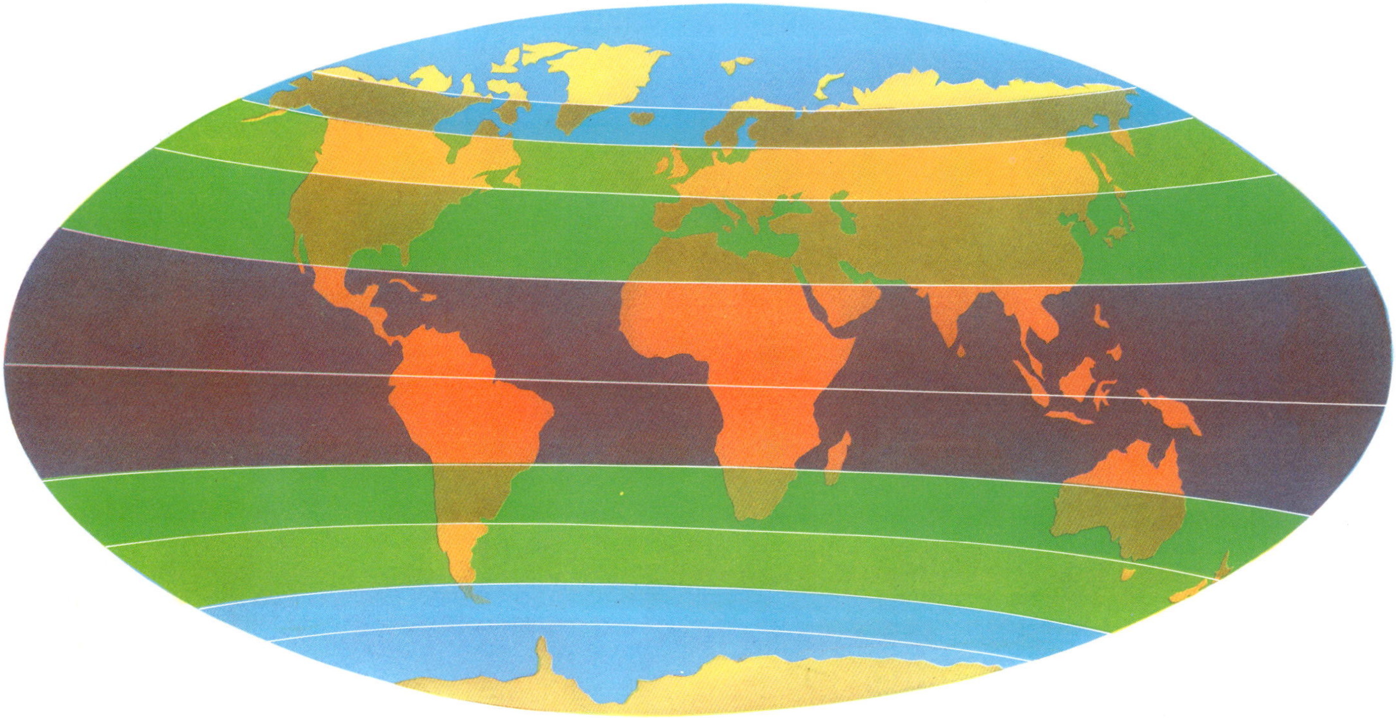

Experimente zum Ausprobieren

Erosion

Durch das folgende Experiment kannst du erkennen, was bei Regen mit der Erde passieren würde, wenn sie nicht bewachsen wäre.

Material

2 mit Wasser gefüllte Behälter

2 Holzkisten mittlerer Größe

2 flache Auffangschalen

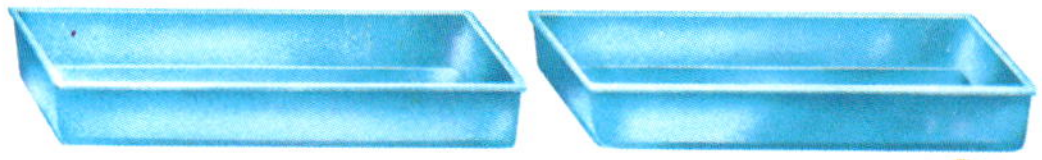

kleine bewurzelte Pflanzen oder Samen

Erde

1. Fülle die beiden Holzkisten mit Erde.

2. Streue die Samen, bzw. die bewurzelten Pflanzen in die Erde ein.

3. Wenn deine »Bepflanzung« Wurzeln geschlagen hat, stelle die beiden Kisten schräg mit der Öffnung nach unten. Gieße dieselbe Wassermenge von oben in die Kisten. Du siehst: Der Boden mit der »Bepflanzung« hält das Wasser viel besser. Bei der anderen Kiste läuft fast alles Wasser durch – und nimmt dabei viel Erde mit.

So »trinkt« eine Pflanze

Wenn du sehen möchtest, wie das Wasser zusammen mit den Mineralien von der Pflanze aufgesogen wird, dann führe das folgende Experiment durch:

Material

1 Glas Wasser

rote Tinte

1 Stange Sellerie

1. Schütte einige Tropfen roter Tinte in ein Glas Wasser.

2. Schneide die Selleriestange mit einer Schere am Ende ein Stück ab.

3. Stelle die Selleriestange in das Glas mit dem eingefärbten Wasser.

4. Nimm die Selleriestange nach einigen Tagen aus dem Wasser. Du wirst die verschiedenen Kanäle erkennen, durch die die Pflanze das Wasser aufgesogen hat.

Ein »Insektenkäfig«

Insekten sind Nahrung für viele Tiere im Wald. Die meisten dieser Insekten sind Pflanzenfresser. In einem einfachen Käfig kannst du das Verhalten der Insekten beobachten.

Material

1 Plastikflasche

1 Stück durchsichtige Folie

1 Stück Knetmasse

1 Stoffrest

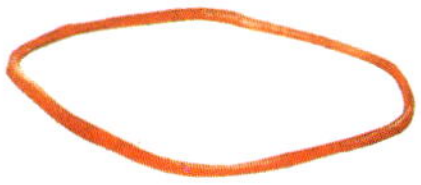

1 Gummiband

Klebeband

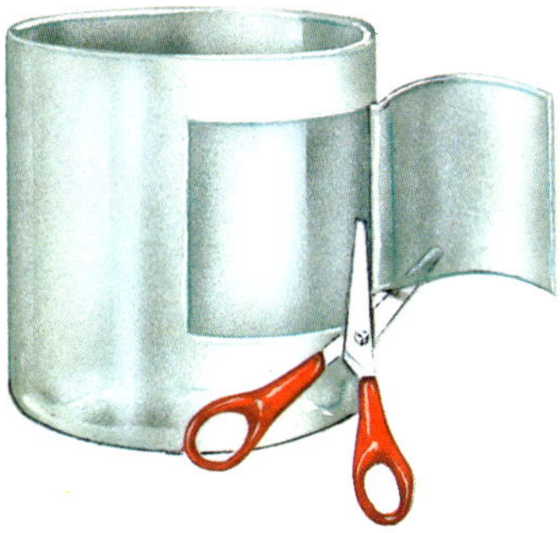

1. Trenne den oberen Teil der Flasche ab. Schneide ein Fenster in die Flasche.

2. Drücke die Knetmasse auf dem Boden fest. Klebe die Folie über das Fenster.

3. Stecke einen Zweig in die Knetmasse und halte ihn feucht. Nun setze Käfer, Ameisen, Heuschrecken u.a. in den Käfig hinein. Verschließe ihn mit dem Stoffrest und dem Gummiband. Wie verhalten sich die Insekten?

Begriffserklärungen

Biotop: Lebensraum, der aufgrund seiner besonderen Gegebenheiten einer bestimmten Gruppe von Pflanzen und Tieren das Leben ermöglicht.

Biozönose: Lebensgemeinschaft. Gesamtheit der Lebewesen, die einen bestimmten Biotop besiedeln.

Chlorophyll: ein grüner Pflanzenfarbstoff, der unter dem Einfluß von Licht Kohlehydrate (Stärke, Zellulose, Zucker) und Sauerstoff aus Kohlensäure der Luft und des Wassers bildet.

Erosion: Zerstörung der Erdoberfläche durch Wasser, Eis und Wind.

»Hersteller-Organismus«: Pflanze, die durch die Umwandlung von Kohlendioxid und Wasser mit Hilfe des Sonnenlichts ihre eigene Nahrung gewinnt.

Humus: Oberste Erdschicht, die bei der Zersetzung toter Tiere und Pflanzen durch Bakterien und Pilze entsteht.

Kohlendioxid: Ein farb- und geruchloses Gas, das in der Luft, im Wasser und in Salzen vorkommt. Es wird von den Pflanzen aufgenommen, um die Photosynthese durchführen zu können. Alle Lebewesen atmen Kohlendioxid aus.

Nahrungskette: Der Kreislauf des Fressens und Gefressenwerdens, beginnend mit dem pflanzenfressenden Tier, das von eine fleischfressenden gefressen wird. Das setzt sich fort, bis das letzte Tier der Kette stirbt und von den Mikroorganismen auf dem Waldboden zersetzt wird. Der Kreislauf beginnt von neuem.

Photosynthese: chemischer Prozeß, in dem die Pflanzen mit Hilfe des Sonnenlichts Kohlendioxid in der Luft und im Wasser in Nährstoffe (Kohlenhydrate und Sauerstoff) umwandeln.

Raubtier: Fleischfressendes Tier, das andere Tiere jagt, also sich von lebenden Tieren ernährt.

Umweltverschmutzung: Anhäufung von Schadstoffen in der Luft, im Wasser oder auf dem Boden, die Störungen im Ökosystem auslösen.

»Verbraucher-Organismus«: Pflanze, die auf organische Nahrung angewiesen ist.

Zersetzer: mikroskopisch kleine Lebewesen, die sich von den Überresten toter Tiere und Pflanzen, Ausscheidungen der Tiere usw. ernähren.

Inhalt

Was ist los mit dem Wald?

Nachdem du dieses Buch gelesen hast, kannst du dir vielleicht etwas besser vorstellen, wie beeindruckend und kompliziert unsere Welt geschaffen ist. Alles wirkt aufeinander ein und hängt voneinander ab: das Wasser, die Luft, der Boden, Pflanzen, Tiere und Menschen. Schon eine kleine Störung kann große Auswirkungen auf das Leben haben.

Wir können viel dazu beitragen, daß unsere Welt lebenswert bleibt, zum Beispiel indem wir Wasser sparen, Müll vermeiden, weniger Auto fahren, auf wilde Mountainbike-Touren in empfindlicher Natur verzichten und vieles andere mehr. Wenn wir nicht lernen, bewußter mit unserer Umwelt umzugehen, wird uns schon sehr bald die Luft wegbleiben und das Wasser bis zum Hals stehen.

Wir haben nur eine Welt – das wissen inzwischen die meisten Menschen. Viele von ihnen sind sich ihrer Verantwortung für diese Welt bewußt. Und manche haben sogar begriffen, daß Gott sie geschaffen und uns geschenkt hat, damit wir alle darin leben können. Eine großartige Schöpfung, auf die wir wirklich gut aufpassen sollten.